JOURNAL Le Temps

THÉATRE DE CAMPAGNE

PATURE

Comédie en un Acte

PAR M. HENRI MEILHAC

Personnages :

LA COMTESSE NAVAGERO — HORACE DE GINESTY
JOSEPH, DOMESTIQUE.

(Paris, de nos jours. — Un salon.)

SCÈNE PREMIÈRE

La comtesse, Joseph.

La comtesse inquiète, préoccupée, Joseph immobile devant elle.

JOSEPH

Madame ?

LA COMTESSE, sans faire attention à lui.

Comment cela se terminera-t-il, mon Dieu ? comment parviendrai-je à m'en tirer ?... C'est vous, Joseph ?

JOSEPH

Oui, madame.

LA COMTESSE

Qu'est-ce que vous voulez ?...

JOSEPH

Est-ce que madame n'a pas sonné ?..

LA COMTESSE

Ah ! c'est vrai. Cette lettre que j'ai écrite hier en rentrant... à onze heures du soir et que je vous ai donnée.

JOSEPH

Je l'ai portée, madame.

LA COMTESSE

Vous l'avez portée...

JOSEPH

Oui, madame.

LA COMTESSE

Tout de suite ?...

JOSEPH

Tout de suite...

LA COMTESSE

Et vous l'avez portée où il fallait ?...

JOSEPH

Je l'ai portée au théâtre dont le nom était indiqué sur l'adresse.

LA COMTESSE

A ce théâtre-là et pas un autre.

JOSEPH

Certainement non, madame.

LA COMTESSE

C'est bien alors, c'est bien Joseph ! (*Joseph sort.*) Qu'on vienne après cela dire que le premier mouvement est le bon... Je suis arrivée à Paris depuis deux jours ; hier je dine chez madame de Méré... je trouve là madame de Lauwereins et la baronne de Croisilles, on me présente; à peine présentée, on me cajole, on m'embrasse. La baronne m'emmène dans un coin du salon. Il faut nous rendre un grand service, petite belle, il faut nous sauver plus que la vie... Quoi faire pour cela, mon Dieu ? Voilà, dans quinze jours, nous jouons l'*Amour qué qu'cest qu'ça ?*... en petit comité, devant deux ou trois cents intimes. Mme de Lauwereins joue Suzanne, moi je jouerai Blaisinet... Mais Zerline, nous n'avons personne pour jouer Zerline; petite belle, il faut me jurer que vous jouerez Zerline ! — Je jouerai Zerline, ai-je répondu sans trop savoir ce que je disais... — Ah ! comme je vous aime !
— Là-dessus la baronne m'a quittée pour aller annoncer à tout le monde que je jouerais Zerline... et un quart d'heure après, qui est-ce qui n'était pas contente de s'être engagée à jouer Zerline ? C'était moi. — Cette invitation cachait un piège... Mme de Lauwereins et la baronne sont des comédiennes consommées... elles ont déjà joué la comédie cinq ou six fois... moi, jamais ; elles le savaient bien, pour elles deux le succès... pour elles deux les applaudissements, tandis que moi, pauvre petite !... Après le diner on s'est mis à parler de la pièce que nous devions jouer toutes les trois. On a parlé en même temps d'un certain Paturel, un acteur qui jouait dans cette pièce, qui jouait le rôle de Pitou, et qui faisait courir tout Paris tant il était drôle... Une idée m'est venue... le premier mouvement. — Je m'en vais tout

bonnement, me suis-je dit, je m'en vais tout bonnement écrire à ce monsieur Paturel, de venir me faire répéter chez moi demain à quatre heures... Il viendra, je le prierai d'accepter un billet de cinq cents francs, je répéterai une ou deux fois avec lui, et le jour de la représentation je serai admirable... Sur ce beau raisonnement, je me sauve, je rentre et j'écris à monsieur Paturel ; ma lettre part.

(Elle sonne, entre Joseph.)

JOSEPH

Madame...

LA COMTESSE

On l'a bien remise à M. Paturel, cette lettre ?

JOSEPH

Oui, madame.

LA COMTESSE

Vous êtes sûr ?

JOSEPH

Tout à fait sûr, madame ; M. Paturel était en train de jouer dans la dernière pièce, la concierge du théâtre m'a dit qu'elle allait immédiatement lui faire donner cette lettre.

LA COMTESSE

C'est bien, Joseph... (*Joseph sort.*) Aujourd'hui, première répétition chez Mme de Lauwereins. Je ne savais pas un mot de mon rôle, mais j'étais bien tranquille... Je me disais, à quatre heures, M. Paturel viendra, je répéterai avec lui, et une fois que j'aurai répété avec M. Paturel... et voilà que justement l'on s'est mis à en reparler de ce M. Paturel, et que la conversation me l'a fait apparaître sous un aspect tout à fait inattendu... on a raconté ses bonnes fortunes !... et il y en avait, il y en avait !... Toutes les comédiennes de son théâtre l'ont adoré... C'est au moins ce que nous disait M. de Bobinet. Il a cité une demoiselle Blanche Taupier, qui est aimée à la fureur par un des hommes les plus aimables de Paris, le comte Horace de Ginesty, et qui, malgré cela, est folle, à ce qu'il paraît, mais absolument folle de l'irrésistible Paturel. Mme de Haute-Venue alors a pris la parole : — Si c'est de cette sorte de femmes qu'il s'agit, passe... Mais convient-il d'appeler cela des bonnes fortunes ? Ce que je n'admettrai jamais, c'est qu'une personne d'un certain monde ait pu songer.... Eh ! mon Dieu ! qui sait ? a riposté M. de Bobinet... Sur ce mot il y eut un tel éclat de rire et un tel hurra, que la répétition en fut interrompue tout net. Je suis rentrée chez moi, un peu inquiète, un peu nerveuse et, en somme, pas contente du tout d'avoir écrit cette maudite lettre... Voyez donc si par hasard ce M. Paturel s'était allé mettre en tête !... C'est à quatre heures que je lui ai dit de venir, et il est quatre heures moins cinq... et j'ai beau chercher, je ne trouve rien, je n'imagine rien... Fermer ma porte après lui avoir écrit... c'est impossible. Et puis, je ne sais comment dire... Au fond, j'ai une envie folle de le voir (*En riant*) surtout depuis qu'on m'a dit... un Paturel !... (*Redevenant sérieuse.*) Et pourtant je serais bien aise s'il ne venait pas. (*Elle sonne. Entre Joseph.*)

JOSEPH

Madame ?...

LA COMTESSE

Voyons, Joseph, mon bon Joseph, il était bien tard quand je vous ai donné cette lettre. Je vous assure que si vous ne l'aviez pas portée, je ne vous en voudrais pas.

JOSEPH

Mais, madame.

LA COMTESSE

Je vous en remercierais même.

JOSEPH

Mais, je demande pardon à madame... En vérité, je ne sais plus... Cette lettre je l'ai portée, madame, je l'ai portée moi-même.

(Coup de sonnette.)

LA COMTESSE

Ah ! on a sonné, Joseph !...

JOSEPH

Oui, madame...

LA COMTESSE

Et il est quatre heures !...

JOSEPH

Je vais voir qui est là, n'est-ce pas, madame ?

LA COMTESSE

Oui, allez Joseph, allez... (*Joseph sort.*) Je vais le laisser entrer, j'ai trop envie de le voir ; mais dès que je l'aurai vu, je lui remettrai ceci. (*Elle prend un billet de banque.*) Je lui dirai que je suis désolée de l'avoir dérangé inutilement, mais que, pour le moment, il m'est impossible, tout à fait impossible, à cause d'un violent mal de tête... (*Rentre le domestique.*) Eh bien, Joseph...

JOSEPH

C'est monsieur Paturel, madame.

LA COMTESSE

Monsieur Paturel ?

JOSEPH

Oui, madame.

LA COMTESSE

Comment est-il ?

JOSEPH

Comment il est ?

LA COMTESSE

Oui, quel homme est-ce : comment est-il habillé ?

JOSEPH

Mais... c'est... en vérité madame me trouble, c'est un homme comme les autres, il est habillé comme madame et comme moi...

LA COMTESSE

Qu'est-ce que vous dites?

JOSEPH, perdant la tête.

Ah! madame.

LA COMTESSE

Comme madame et comme moi! voilà que cela commence... La maison devient folle... enfin faites entrer monsieur Paturel (*Joseph sort.*) J'ai le billet... bien. Tâchons maintenant de ne pas nous mettre à rire. (*Joseph rentre.*)

JOSEPH

Monsieur Paturel!

LA COMTESSE

Est-ce qu'il va entrer en marchant sur les mains!...

SCÈNE DEUXIÈME

Les mêmes, Horace.

HORACE

Madame...

LA COMTESSE

Bien, voilà que je n'ose pas le regarder, maintenant.

HORACE, saluant de nouveau.

Madame...

LA COMTESSE

Il faut bien cependant. (*Elle le regarde et donne les signes du plus complet étonnement.*) Ah... tiens... mais... mon Dieu, monsieur, il y a erreur sans doute... il me semble que Joseph a dit :

HORACE

Monsieur Paturel, madame.

LA COMTESSE

Monsieur Paturel?

HORACE

Oui, madame.

LA COMTESSE

C'est vous?

HORACE

C'est moi.

LA COMTESSE

Artiste au théâtre de...?

HORACE

Oui, madame.

LA COMTESSE

C'est vous ?...

HORACE

C'est moi.

LA COMTESSE

Ah !

HORACE

J'ai reçu hier soir une lettre de vous, madame... Cette lettre disait que, ne sachant trop comment vous y prendre pour jouer un rôle dans une des pièces de mon répertoire, vous me demandiez de venir ici, aujourd'hui, à quatre heures, vous faire répéter ce rôle. C'est bien cela, n'est-ce pas ?

LA COMTESSE

C'est bien cela.

HORACE

Voici votre lettre, madame.

LA COMTESSE, à part.

Ma lettre !...

HORACE

Voulez-vous la reprendre ? (*En souriant.*) Je vous assure, madame, que vous ferez très bien de la reprendre.

LA COMTESSE

Hein ! (*Elle le regarde en silence.*) Ma lettre... (*Elle la prend, et alors d'une main elle tient la lettre, de l'autre le billet de cinq cents francs; elle s'aperçoit que le regard d'Horace est attaché sur ce billet. Jeu de scène. Elle jette le billet et la lettre sur la table.*) Je vous remercie beaucoup d'avoir bien voulu me rendre le service que je vous ai demandé. Asseyez-vous, monsieur.

HORACE

(*Moment de silence. La comtesse examine Paturel avec beaucoup de curiosité*). Madame... je vous demande pardon, madame... Est-ce que vous avez déjà joué la comédie ?... Vous comprenez, j'ai besoin de savoir.

LA COMTESSE

Jamais, monsieur.

HORACE

Jamais ?...

LA COMTESSE

Ce sera plus difficile, alors !

HORACE

Au contraire, madame, au contraire !..

LA COMTESSE

Ah !

HORACE

Et quand devez-vous?... Je vous demande bien pardon, madame, quand devez-vous jouer cette pièce?

LA COMTESSE

Dans quinze jours, monsieur.

HORACE

Dans quinze jours, c'est très bien et... pour la troisième fois, madame, je vous demande pardon, avec qui devez-vous jouer, s'il vous plaît. Vous comprenez, il faut absolument que je sache...

LA COMTESSE

C'est M. de Bobinet qui jouera le rôle que vous jouez, vous !

HORACE

M. de Bobinet jouera Pitou ; et les autres rôles ?

LA COMTESSE

Les autres rôles seront joués par Mme de Lauwereins et Mme la baronne de Croisilles, vous connaissez ?

HORACE

Parfaitement.

LA COMTESSE, sautant.

Vous avez dit !...

HORACE

Qu'est-ce que j'ai dit ?

LA COMTESSE

Je vous ai demandé si vous connaissiez Mme de Lauwereins et Mme la baronne de Croisilles... Vous avez répondu : Parfaitement !

HORACE

Mais... sans doute, madame ; de la scène à l'avant-scène on se connaît parfaitement... je ne changerai pas le mot... L'on ne s'est jamais parlé, cela est vrai... peut-être même ne se parlera-t-on jamais, à moins qu'une circonstance exceptionnellement heureuse, comme celle à laquelle je dois en ce moment l'avantage... (*Regard de la comtesse.*) On ne s'est jamais parlé, on ne se parlera jamais, mais on se connaît. Avant d'entrer en scène, nous ne manquons jamais de regarder à droite et à gauche, afin de voir s'il y a, dans les loges ou à l'orchestre, quelqu'une des personnes que nous sommes habitués à y voir et par qui nous savons que notre façon de jouer est particulièrement goûtée... C'est ce que nous appelons avoir notre salle... Ainsi, moi... madame, moi !...

LA COMTESSE

Eh bien. monsieur...

HORACE, avec force.

Je ne joue véritablement que lorsque j'ai ma salle.

LA COMTESSE

Et alors vous faites à Mme de Lauwereins et à Mme de Croisilles l'honneur de les compter au nombre de ces personnes ?

HORACE, froidement.

Oui, madame.

LA COMTESE, nerveuse.

Ah! nous allons bien voir... Vous avez apporté une brochure, monsieur ?...

HORACE

Une brochure ? Ma foi, non, madame. Est-ce que vous n'avez pas ?...

LA COMTESSE

Si fait, j'en ai une pour moi... Mais vous ?

HORACE

Moi ?...

LA COMTESSE

Oui... vous... pour me faire répéter.

HORACE

Je n'ai pas besoin de la brochure, moi, madame ; j'a joué le rôle deux ou trois cents fois...

LA COMTESSE

Vous le savez, alors, ce rôle ?

HORACE

Assurément, je le sais.

LA COMTESSE

Vous le savez... Et si maintenant, là, tout de suite, je vous disais une phrase au hasard... vous pourriez dire la phrase suivante.

HORACE

Mais, sans doute...

LA COMTESSE

Nous allons voir, par exemple. (*Feuilletant la brochure avec vivacité.*) Nous allons voir...

HORACE

Nous allons voir, madame... Seulement, n'est-ce pas, vous aurez la bonté de me dire dans quelle scène se trouve cette phrase ?... parce que nos auteurs se répètent quelquefois. Et alors...

LA COMTESSE

Je veux bien, voyons, scène dixième : *Zerline, Pitou.* Zerline dans un fauteuil.

HORACE

Zerline dans un fauteuil... Bien, bien ; j'y suis.

LA COMTESSE

A la fin de cette scène. Est-ce assez clairement indiqué comme cela ? Je vais dire une phrase et vous répondrez, vous pourrez répondre ?

HORACE, un peu inquiet.

Mais, je crois...

LA COMTESSE

Vous n'avez plus l'air d'être bien sûr ?

HORACE, se remettant.

Si fait, madame, si fait ; mais, en vérité, je ne comprends pas bien...

LA COMTESSE

Voyons, voyons (*Lisant*) : « Monsieur Pitou, vous êtes un galant homme. »

HORACE

Ah ! madame.

LA COMTESSE, suivant sur la brochure.

Ce n'est pas cela... il n'y a pas : Ah ! madame... Il y a...

HORACE

Mais non... je dis : Ah ! madame, ce n'est pas du tout comme cela qu'il faut dire

LA COMTESSE

Il ne s'agit pas de moi maintenant. Je dis une phrase, je vous prie seulement de dire la phrase suivante ; recommençons (*lisant*) : « Monsieur Pitou, vous êtes un galant homme. »

HORACE

Scène dixième ?

LA COMTESSE

Oui, scène dixième : Zerline, Pitou.

HORACE

A la fin de la scène, Zerline dit : « Monsieur Pitou, vous êtes un galant homme. »

LA COMTESSE

Oui...

HORACE

Et moi, je réponds...

LA COMTESSE

Vous répondez ?

HORACE, jouant.

J'suis galant dans mes p'tits moments, mamzelle.

LA COMTESSE, à part.

C'est cela ; continuons. (*Lisant.*) Si vous saviez le motif qui me conduit ici... à vous ?...

HORACE, jouant.

« Je m'en doute, l'moulin du bourgeois qu'vous voulez épouser. »

LA COMTESSE

C'est son oncle qui a eu l'idée de ce mariage-là...

HORACE

Mais, madame, réfléchissez donc, madame, c'est une paysanne qui parle. Il ne faut donc pas...

LA COMTESSE, impatientée.

C'est son oncle qui a eu l'idée de ce mariage-là...

HORACE, jouant.

Je ne m'y oppose pas, pour ma part, quoi' qu'ce soie joliment vexant... (*Voix naturelle.*) Vous voyez, moi, je parle comme un paysan.

LA COMTESSE, à part.

C'est bien cela, il sait le rôle.

HORACE

Mon Dieu, madame, j'ai peur.... Je vous prie de ne pas prendre mal cette observation, mais j'ai peur qu'en suivant la marche que vous avez adoptée, nous n'arrivions pas à des résultats... car enfin, madame, puisque c'est vous qu'il s'agit de faire répéter, il me semble...

LA COMTESSE

Là... voyons, décidément... Est-ce que vous êtes bien monsieur Paturel?...

HORACE

Comment, si je suis...

LA COMTESSE

Oui.

HORACE

Mais certainement, madame ! Et qui serais-je donc, je vous en prie, qui serais-je donc, si je n'étais pas M. Paturel?...

LA COMTESSE

Ah ! ça, par exemple, je n'en sais rien !

HORACE, digne.

Madame.

LA COMTESSE

Mon étonnement n'a rien qui puisse vous blesser, monsieur.

HORACE

Oh ! madame.

LA COMTESSE

Je ne suis à Paris que depuis deux jours. Je n'ai pas encore eu le plaisir de vous voir jouer.

HORACE

La première fois que vous me ferez l'honeuur de venir au théâtre...

LA COMTESSE, *riant*.

Vous aurez votre salle, ce jour-là ?

HORACE

Oui, madame, et vous verrez.

LA COMTESSE

Hier, j'ai beaucoup entendu parler de vous, et là, vraiment... ce que l'on m'a dit ne s'accorde pas du tout avec ce que je vois. On prétendait que vous devez votre succès, d'abord à l'esprit avec lequel vous interprétez vos rôles, bien entendu, mais aussi à la prodigieuse bouffonnerie de vos façons... et, comment dirai-je, à la non moins prodigieuse bouffonnerie de votre personne. On racontait que dans la pièce que vous jouez maintenant, vous entrez en donnant du nez contre le décor, en tournant trois ou quatre fois sur vous-même et que vous continuez en faisant la culbute...

HORACE

C'est vrai, madame, et si cela est absolument nécessaire pour vous convaincre... je suis tout prêt à...

LA COMTESSE

Non, je vous remercie... On disait que tout en vous était tourné vers le grotesque, et vers le grotesque le plus exagéré... les gestes, la figure, la voix... et, tenez, justement quant à la voix... il y avait là un jeune homme qui, en prononçant les phrases les plus simples, faisait rire aux éclats, parce qu'il les prononçait comme il paraît que vous les prononcez, vous...

HORACE

Ah ! il faisait rire avec cela ?

LA COMTESSE

Oui. Eh bien, cette phrase que vous venez de dire : « Ah ! il faisait rire avec cela !... » vous sentez bien que s'il l'avait dite comme vous la dites maintenant, il n'aurait pas fait rire du tout.

HORACE

Il la disait autrement ?

LA COMTESSE

Oui...

HORACE

Comme ceci, peut-être... (*Voix et mouvement grotesques.*) Ah ! il faisait rire avec cela !...

LA COMTESSE

A la bonne heure !

HORACE

Et vous êtes étonnée de ne pas m'entendre toujours parler de cette façon-là ?

LA COMTESSE

Un peu, je l'avoue.

HORACE

Il y a là une question d'honnêteté. Oui, madame, une question d'honnêteté ! — On nous paie... et quelquefois même on nous paie assez cher pour être drôles, le soir, de telle heure à telle heure, dans un endroit convenu. — Vous comprenez bien que si nous nous avisions d'être drôles hors de cet endroit et à d'autres heures que les heures prescrites, nous manquerions de la façon la plus grave aux engagements que nous avons pris ! — Si nous faisions rire les passants dans la rue, les passants n'éprouveraient plus du tout le besoin d'aller nous voir au théâtre pour rire un peu...

LA COMTESSE

Pas du tout la voix.

HORACE

Comment ?

LA COMTESSE

Pas du tout la voix que prenait ce jeune homme quand il prétendait imiter M. Paturel.

HORACE, voix et mouvement grotesques.

Mais je vous répète, madame, que si je parlais de cette façon-là hors du théâtre, mon directeur aurait le droit de me faire un procès.

LA COMTESSE

Oh ! comme cela, oui.

HORACE

Voilà pour la voix. Quant à la bouffonnerie du visage, ai-je besoin de vous dire que cela s'obtient avec du blanc, du rouge et une perruque faite d'une certaine façon et posée de travers.

LA COMTESSE, découragée.

A la bonne heure. Voulez-vous me faire répéter un peu ce rôle, monsieur ?

HORACE

Certainement, madame, puisque c'est pour cela que je suis venu. Nous commencerons quand il vous plaira...

LA COMTESSE

Mais tout de suite. (*Elle le regarde encore.*)

HORACE, riant.

Eh bien, madame.

LA COMTESSE

Enfin, commençons... mais d'abord, une chose très importante. Vous essaierez de me le faire jouer le mieux possible, n'est-ce pas, ce rôle ?...

HORACE

Sans aucun doute, madame.

LA COMTESSE

Sans aucun doute. Eh bien, dites-moi... Est-ce que vous allez m'apprendre à...

HORACE

Vous apprendre à ?...

LA COMTESSE

Non, rien...

HORACE

Mais, dites-moi, madame.

LA COMTESSE

Non, rien... je vous demande pardon, je me suis trompée, je n'avais rien à vous dire... Commençons, monsieur.

HORACE

Commençons, madame; nous prendrons, si vous le voulez, la scène sur laquelle vous avez eu la bonté de m'interroger tout à l'heure.

LA COMTESSE

Zerline et Pitou ?

HORACE

Oui, madame... Zerline est dans un fauteuil, endormie, ou du moins faisant semblant de dormir.

LA COMTESSE

Oui...

HORACE, *avançant un fauteuil.*

Voulez-vous, madame.

LA COMTESSE

Est-ce bien ainsi ?...

HORACE

Oui, c'est très bien... c'est très bien... la tête un peu renversée... et la main... là... sur le bras du fauteuil... Je vous en prie, madame, un peu plus de naïveté, c'est une paysanne... Là... c'est parfait. J'arrive alors par le fond, moi, Pitou. (*Il va au fond.*) Et je dis : elle est seule... si je pouvions m'assurer. (*La comtesse se retourne brusquement et regarde.*) Je vous en prie, madame, ne vous retournez pas...

LA COMTESSE

C'était pour voir.

HORACE

Mais puisque vous ne devez pas me voir. Je vous en prie, madame : « Elle est seule, si je pouvions m'assurer. » Comme je suis bien paysan, moi, vous entendez. Elle est seule, si je pouvions m'assurer.

LA COMTESSE

C'est à ce moment que vous êtes si drôle, il paraît.

HORACE

Comment ?

LA COMTESSE

Oui, pendant que vous dites cette phrase, vous descendez un escalier.

HORACE

En effet, madame, il y a au fond du théâtre un escalier, et je descends.

LA COMTESSE

On m'a dit qu'arrivé aux dernières marches vous manquiez de tomber, que vous vous rattrappiez à la rampe, que vous glissiez et que vous finissiez par rouler... Je vous en prie, donnez-moi au moins une légère idée.

HORACE

Et comment voulez-vous que je m'y prenne, madame, pour vous donner...

LA COMTESSE

M. de Bobinet, celui qui doit jouer votre rôle, a essayé hier soir de nous donner une légère idée. Malheureusement, il est tombé tout de son long.

HORACE

L'exemple n'a rien de particulièrement encourageant.

LA COMTESSE

Ce n'est pas la même chose, et je suis bien sûre que si vous vouliez.

HORACE

Mais non, madame, mais non!

LA COMTESSE

Puisque vous l'avez fait au théâtre je ne sais combien de fois.

HORACE

Au théâtre j'ai un escalier que je connais, mon escalier à moi. J'ai toutes mes petites affaires au théâtre et alors, je ne risque pas... Tandis qu'ici... et puis, en vérité, je vous demande pardon de vous dire cela pour la seconde fois, madame, je pensais qu'il s'agissait de vous faire jouer la comédie à vous et non à moi...

LA COMTESSE

C'est vrai, au fait. (*Elle se remet dans le fauteuil.*) Là... commençons, monsieur.

HORACE

Commençons, madame.

(Jeu de scène interrompu par l'entrée de Joseph.)

LA COMTESSE

Qu'est-ce que c'est, Joseph? *Joseph lui remet une carte. — Bas à Joseph.*) Il est là, M. de Frondeville?...

JOSEPH

Oui, madame. M. de Frondeville attend madame.

LA COMTESSE

C'est bien... (*Joseph sort.*) C'est un parent de mon mari, monsieur...

HORACE

Madame.

LA COMTESSE

Vous ne m'en voudrez pas si je vous laisse seul pendant un instant... je vais vite le renvoyer.

HORACE

Ne vous occupez pas de moi, madame, je vous en prie.

LE COMTESSE

Dans un instant, monsieur Paturel, je serai revenue... dans un instant... Vous entendez, monsieur Paturel...

HORACE

Oui, madame, j'entends.

SCÈNE TROISIÈME

Horace (Il regarde autour de lui avec précaution; dès qu'il est bien sûr d'être seul, il tire de sa poche une brochure pareille à celle que tenait la comtesse).

HORACE

Repassons-le un peu le rôle de Pitou, repassons-le un peu... cela ne peut pas nuire! Et qu'on ose, après cela, dire du mal des jeunes comédiennes... il est évident que si je n'avais pas eu maintes fois le plaisir de faire répéter Mlle Blanche Taupier, je n'aurais pas, moi, Horace de Ginesty, l'honneur de remplacer aujourd'hui M. Paturel et de faire répéter Mme la comtesse... Jusqu'à présent cela n'a pas trop mal marché... il est vrai que jusqu'à présent nous n'avons rien répété du tout, mais à la fin il faudra bien y arriver à cette répétition... et alors... repassons-le un peu le rôle de Pitou, repassons-le un peu! « Elle est seule, si j'pouvions m'assurer. » Là-dessus je descends l'escalier... Pourquoi donc tenait-elle à me faire casser le cou? — Et Zerline est là, dans ce fauteuil... toujours faisant semblant de dormir... et Zerline dit : « Est-ce qu'il ne va pas m'embrasser?... » Hum! comment nous y prendrons-nous pour répéter cette scène... elle est vraiment très gentille, cette petite comtesse... et à chaque parole qu'elle dit elle a si bien l'air de se moquer de moi. « Est-ce qu'il ne va pas m'embrasser?... » C'est à cause de cette scène là que je me suis résigné à couper mes moustaches... il fallait bien ressembler à M. Paturel... « Est-ce qu'il ne va pas m'embrasser...» Enfin, quand nous en serons là, nous verrons... « Est-ce qu'il ne va pas... » Là-dessus je m'approche et je dis... qu'est-ce que je dis... « Ma foi tant pire pour le patron. » Voilà une phrase que je ne saurai jamais prononcer comme Paturel... « Ma foi tant pire pour le patron »; je n'y arriverai jamais... Enfin, il n'est heureusement pas nécessaire de ressembler absolument au modèle, l'important est de savoir, de savoir impertubablement... et je saurai. (*Il marmotte en apprenant le rôle sur la brochure.*) Je saurai... je saurai... (*La porte s'ouvre, Horace remet brusquement la brochure dans sa poche et prend un des albums qui sont sur la table. Entre la comtesse.*)

SCÈNE QUATRIÈME

La comtesse, Horace

HORACE, regardant l'album.

C'est d'Eugène Lami, cela !

LA COMTESSE, comprimant pendant la première partie de la scène une violente envie de rire.

Ah ! vous connaissez aussi ?

HORACE

Oh ! oui, madame, je connais. — Eugène Lami, Alfred de Musset. Alfred de Musset, Eugène Lami. Je ne puis voir un dessin de l'un sans qu'il me vienne à l'esprit quelque page de l'autre.

LA COMTESSE

Et réciproquement, sans doute ? quand vous lisez une page...

HORACE

Et réciproquement, oui, madame...

LA COMTESSE

Vous lisez Alfred de Musset, monsieur Paturel.

HORACE

Certainement, madame.

LA COMTESSE

A quel moment donc ?...

HORACE

Mais, tous les soirs, en sortant du théâtre ; c'est comme cela que je me console de toutes les bêtises que m'ont fait dire mes auteurs...

LA COMTESSE

Je vous demande pardon de vous avoir laissé seul, monsieur ; maintenant, on ne nous dérangera plus, et nous pouvons répéter tout à notre aise.

HORACE

Alors, madame, si vous voulez ?..

LA COMTESSE

Ah ! oui... le fauteuil... Zerline... sans doute, monsieur ; je veux bien. (*Elle se replace dans le fauteuil.*)

HORACE, *frisant une moustache absente.*

« Ma foi, tant pire pour le patron... »

LA COMTESSE

Qu'est-ce que vous dites ?

HORACE

Rien, madame... c'est une phrase de mon rôle... Je dis cela pour me remettre au ton.

LA COMTESSE

Oui... oui... je comprends. (*Elle le regarde et manque d'éclater.*)

HORACE

Eh bien, madame ?...

LA COMTESSE

Eh bien, monsieur Paturel... je vous disais tout à l'heure que l'on avait parlé de vous devant moi, je ne vous ai pas répété tout ce l'on avait dit... je vous ai laissé croire que l'on avait seulement parlé de votre façon de jouer... cela n'est pas tout à fait exact... Les confidences sont allées plus loin, beaucoup plus loin...

HORACE

Ah ! alors, madame ?...

LA COMTESSE

Alors quoi, monsieur ?

HORACE

Nous ne répétons pas encore ?

LA COMTESSE

Mon Dieu ! monsieur Paturel, est-ce que vous seriez pressé ?

HORACE

Moi, pas du tout... madame...

LA COMTESSE

A la bonne heure ! Donc les confidences sont allées loin, très loin sur votre compte. Elles ont fini même par prendre un caractère tout à fait intime.

HORACE

Tout à fait intime ?

LA COMTESSE

Oui. Certainement je ne vous aurais pas parlé de cela tout à l'heure, quand nous ne nous connaissions pas... mais maintenant que nous avons passé une demi-heure ensemble, nous sommes de vieilles connaissances... N'est-ce pas, monsieur Paturel, nous sommes de vieilles connaissances ?...

HORACE, *à part, avec inquiétude.*

Ah ! ça, qu'est-ce que cela signifie ?...

LA COMTESSE

Et je puis bien maintenant vous répéter tout ce que l'on a dit...

HORACE

Tout ce que l'on a...

LA COMTESSE

Oui, tout.

HORACE, se rapprochant.

Vraiment, madame, je ne serais pas fâché de savoir.

LA COMTESSE

On a parlé de vos succès.

HORACE

Sur la scène ?...

LA COMTESSE

Eh! non pas sur la scène... de vos succès particuliers, de vos succès d'homme à bonnes fortunes.

HORACE

Hein !

LA COMTESSE

Il paraît qu'il y a peu d'hommes à Paris qui soient aimés autant que vous l'êtes, monsieur Paturel.

HORACE

Oh! madame.

LA COMTESSE

Mais si, mais si, vous êtes adoré, — on me l'a dit, vous êtes adoré.

HORACE

Oh ! madame.

LA COMTESSE

Je vous avouerai que d'abord je ne voulais pas le croire...

HORACE

Ah !

LA COMTESSE

Mon Dieu, non. Cette idée d'un personnage débitant des calembredaines et malgré cela aimé, aimé à cause de cela peut-être, refusait absolument de m'entrer dans l'esprit, et puis je ne voyais absolument en vous que l'homme aux culbutes, et alors... mais depuis que je vous connais mieux, depuis que je vous ai vu... depuis que j'ai eu le plaisir de causer avec vous.

HORACE

Madame, madame.

LA COMTESSE

Je ne vous dirai pas que je comprends absolument...

HORACE

Ah ! vous ne me direz pas ?...

LA COMTESSE

Non ; je ne vous dirai pas cela ; mais je vous avouerai que cette idée, qui d'abord m'avait paru tout à fait absurde... me paraît maintenant beaucoup moins extravagante, beaucoup moins inadmissible...

HORACE, à part.

Je ne sais plus où je vais, moi.

LA COMTESSE

Ainsi, vous êtes adoré, vous en convenez...

HORACE

Comment, j'en conviens ! mais non, madame ! je n'en conviens pas du tout...

LA COMTESSE

Ah ! vous avez tort... on m'a donné des preuves, on m'a cité des noms... un surtout... Blanche Taupier...

HORACE

Oh ! quant à celle-là...

LA COMTESSE

Une jeune actrice de votre théâtre ; on la dit fort jolie.

HORACE

En effet, madame, elle est très jolie.

LA COMTESSE

Beaucoup d'esprit...

HORACE

Enormément d'esprit ; oui, madame.

LA COMTESSE

Et, dans toute sa personne, une rare distinction.

HORACE

Le fait est, madame, qu'il est difficile d'imaginer une personne qui soit plus distinguée que Blanche Taupier.

LA COMTESSE

Et elle vous aime.

HORACE, modeste.

Oh ! elle m'aime...

LA COMTESSE

Non ?

HORACE

Je ne dirai pas qu'elle m'aime, mais enfin, j'ai quelque lieu de croire... je vous assure, madame, que je ne m'attendais pas du tout à ce genre de conversation. Quant à Blanche Taupier, puisque vous m'avez fait l'honneur de me parler d'elle... j'avouerai, en effet, que j'ai quelque lieu de croire.

LA COMTESSE

Elle est folle de vous tout uniment.

HORACE

Oh ! folle.

LA COMTESSE

Mais si... tout Paris le dit : Blanche Taupier est folle de Paturel !

HORACE, furieux.

Comment folle de Paturel !...

LA COMTESSE

Voilà ce que dit tout Paris...

HORACE

Mais pas du tout, madame, pas du tout... Blanche Taupier !... Blanche Taupier est une femme trop... Enfin, Blanche Taupier n'est pas folle de Paturel ! Si Paris dit cela, Paris ne sait ce qu'il dit.

LA COMTESSE

Vous vous fâchez ?...

HORACE

Je ne me fâche pas, mais enfin... Blanche Taupier folle de Paturel... par exemple !

LA COMTESSE

Mais puisque c'est vous qui êtes Paturel.

HORACE

Ah ! oui, au fait... puisque c'est moi qui suis...

LA COMTESSE

Est-ce que ce ne serait pas vous, par hasard ?...

HORACE

Si fait, madame, si fait, c'est moi.

LA COMTESSE

Pourquoi vous fâchez-vous alors ? Il me semble qu'il n'y a rien là qui doive vous fâcher... vous devriez, au contraire, être particulièrement flatté de la préférence que vous accorde cette demoiselle, car elle est aimée, m'a-t-on dit, par un homme du meilleur monde, M. de Ginesty.

HORACE

Aïe.

LA COMTESSE

Vous connaissez ?...

HORACE

Pas du tout, madame.

LA COMTESSE

Ah ! je croyais ; comme vous m'aviez dit que de la scène à l'avant-scène on se connaissait parfaitement... Ainsi... cette Blanche Taupier ?...

HORACE

Mon Dieu ! madame.

LA COMTESSE

Eh bien ! monsieur.

HORACE

Je vous assure derechef que je ne m'attendais pas du tout à ce genre de conversation... mais vous m'interrogez... je répondrai... Cette personne de qui nous parlons, je la connais un peu... Il ne m'appartient pas de dire si elle aime ou si elle n'aime pas ce M. de Ginesty...

LA COMTESSE

Que vous ne connaissez pas?...

HORACE

Que je ne connais pas... Mais ce que je sais bien, c'est que Blanche Taupier est incapable de lui préférer un Paturel!...

LA COMTESSE

Un Paturel...

HORACE

Oui. madame, Blanche Taupier est une personne trop distinguée...

LA COMTESSE

Mais, puisque c'est vous qui êtes Paturel, puisque c'est vous, puisque c'est vous!...

HORACE

Oui, oui, je sais bien.

LA COMTESSE

Je comprendrais votre fureur si au lieu d'être Paturel vous étiez M. de Ginesty. Est-ce que vous seriez M. de Ginesty, par hasard?...

HORACE, demandant grâce.

Eh! madame...

LA COMTESSE, n'en pouvant plus, éclatant.

Mais avouez... avouez donc.

HORACE

Eh! oui, madame, je suis M. de Ginesty... et vous le savez bien, il me semble...

LA COMTESSE

Sans doute, monsieur, je le sais... et je vous prie de croire que si je ne l'avais pas su, je ne vous aurais pas raconté les jolies histoires que je vous raconte depuis un quart d'heure.

HORACE

Vous le savez... et comment?...

LA COMTESSE

Ah! vous me permettrez d'abord de vous demander comment il se fait que vous soyez venu chez moi, monsieur.

HORACE

Mon Dieu, madame. c'est la chose la plus simple du monde.

LA COMTESSE

Dites alors.

HORACE

Hier, j'ai vu Mlle Blanche Taupier qui tenait à la main votre lettre...

LA COMTESSE

Ma lettre!

HORACE

Oui — la concierge du théâtre la lui avait remise au lieu de la remettre à Paturel.

LA COMTESSE

Elle est jalouse, il paraît, Mlle Taupier.

HORACE

Jalouse... vous croyez?... mais non, elle m'a dit que c'était par erreur que la concierge lui avait...

LA COMTESSE

Ah! enfin, elle tenait ma lettre.

HORACE

Oui, madame, et je la lui ai prise cette lettre, et l'idée m'est venue de vous la rapporter moi-même et de jouer cette petite comédie... parce que j'ai pensé...

LA COMTESSE

Parce que vous avez pensé.

HORACE

Parce que j'ai pensé que peut-être en écrivant cette lettre... vous aviez été quelque peu...

LA COMTESSE

Imprudente...

HORACE

Oui. Et qu'alors il valait mieux...

LA COMTESSE

Ah! mais c'est très bien de votre part cela.

HORACE

Maintenant, je vous en prie, madame... Dites-moi comment vous avez découvert...

LA COMTESSE

C'est un de vos amis qui vient de me le dire.

HORACE

Un de mes amis?

LA COMTESSE

Monsieur de Frondeville, il est un peu cousin de mon mari, il savait que ma lettre était tombée entre vos mains, et, à tout hasard, il venait m'avertir.

HORACE

Et comment avait-il pu savoir?

LA COMTESSE

Il était allé chez Mlle Blanche Taupier.

HORACE
Lui aussi !...
LA COMTESSE
Je vous navre.
HORACE
Mais non... pas trop... quand nous étions deux, j'étais tout triste... maintenant que nous sommes trois, cela va un peu mieux.
LA COMTESSE
Vraiment? Eh bien causez un peu de cela avec M. de Frondeville, et je pense qu'au bout d'un quart d'heure de conversation, vous irez tout à fait bien.
HORACE, saluant.
Je vais retrouver Frondeville et je le prierai de me ramener ici tout de suite et de me présenter.
LA COMTESSE
C'est fait.
HORACE
C'est fait ?
LA COMTESSE
Oui, tout à l'heure, pendant que vous étiez ici tout seul... je n'ai pas jugé nécessaire de vous déranger pour cela.
HORACE
Mais alors, madame, si je vous suis présenté.
LA COMTESSE
Eh bien !
HORACE
Rien ne s'oppose a ce que je vous le fasse enfin répéter ce rôle de Zerline.
LA COMTESSE
J'y compte bien... d'autant plus que je puis vous demander à vous ce que tout à l'heure je n'ai pas osé demander à monsieur Paturel.
HORACE
Qu'est-ce donc?...
LA COMTESSE
Je vais vous dire : il y a eu ce matin, à propos de cette pièce que nous devons jouer, une très sérieuse discussion entre Mme de Lauwereins, la baronne et moi... La baronne disait oui... Mme de Lauwereins disait non... moi je ne disais rien — à la fin la baronne l'a emporté et il a été décidé qu'en jouant...
HORACE
Il a été décidé?
LA COMTESSE
Il a été décidé qu'on cascaderait.
HORACE
Oh !
LA COMTESSE
Est-ce que vous pourrez m'apprendre à ?...

HORACE

Certainement.

LA COMTESSE

Pas trop, cependant ; pas trop... parce qu'enfin vous comprenez.

HORACE

Sans doute, madame, je comprends... cela dépend surtout du public devant lequel vous devez jouer.

LA COMTESSE

Mais, monsieur, nous devons jouer devant la plus haute société de Paris.

HORACE

Devant la plus haute?...

LA COMTESSE

Assurément.

HORACE, avec élan.

Oh! bien... alors (*Se reprenant avec sang-froid*), il ne faut pas aller trop loin... commençons-nous madame?...

LA COMTESSE, dans le fauteuil.

Commençons, monsieur.

HORACE

Ah!

LA COMTESSE

Qu'est-ce que c'est encore?...

HORACE

Cette plaisanterie que j'ai voulu vous faire...

LA COMTESSE

Eh bien! elle n'a pas réussi.

HORACE

Je le sais bien qu'elle n'a pas réussi. Si j'avais pu prévoir, c'est moi qui n'aurais pas coupé mes moustaches (*A part.*), cela m'enlève la moitié de mes avantages...

LA COMTESSE

Commençons-nous, monsieur?

HORACE

Nous commençons, madame. (*La comtesse se replace dans le fauteuil, Horace va au fond et commence à jouer.*) « Ma foi, tant pire pour le patron... »

(Rideau.)

HENRI MEILHAC.

Paris. — Ch. Schiller, imprimeur breveté, faub. Montmartre, 11.

www.ingramcontent.com/pod-product-compliance
Lightning Source LLC
Chambersburg PA
CBHW060453050426
42451CB00014B/3300